Carta a um religioso

Dados Internacionais de Catalogação na Publicação (CIP)
(Câmara Brasileira do Livro, SP, Brasil)

Weil, Simone, 1909-1943
 Carta a um religioso / Simone Weil ; tradução de
Monica Stahel. – Petrópolis, RJ : Vozes, 2016. –
(Série Clássicos da Espiritualidade)

 Título original: Lettre à un religieux
 Bibliografia.

 5ª reimpressão, 2025.

 ISBN 978-85-326-5333-8

 1. Ética social 2. Teologia I. Título. II. Série.

16-06942   CDD-201

Índices para catálogo sistemático:
1. Teologia filosófica : Cristianismo   201

Carta a um religioso

Simone Weil

Tradução de Monica Stahel

Petrópolis

Tradução do original em francês intitulado *Lettre à un religieux*. Éditions Gallimard, 1951.

© desta tradução:
2016, Editora Vozes Ltda.
Rua Frei Luís, 100
25689-900 Petrópolis, RJ
Brasil

Todos os direitos reservados. Nenhuma parte desta obra poderá ser reproduzida ou transmitida por qualquer forma e/ou quaisquer meios (eletrônico ou mecânico, incluindo fotocópia e gravação) ou arquivada em qualquer sistema ou banco de dados sem permissão escrita da editora.

CONSELHO EDITORIAL

Diretor
Volney J. Berkenbrock

Editores
Aline dos Santos Carneiro
Edrian Josué Pasini
Marilac Loraine Oleniki
Welder Lancieri Marchini

Conselheiros
Elói Dionísio Piva
Francisco Morás
Teobaldo Heidemann
Thiago Alexandre Hayakawa

Secretário executivo
Leonardo A.R.T. dos Santos

PRODUÇÃO EDITORIAL

Anna Catharina Miranda
Eric Parrot
Jailson Scota
Marcelo Telles
Mirela de Oliveira
Natália França
Priscilla A.F. Alves
Rafael de Oliveira
Samuel Rezende
Verônica M. Guedes

Editoração: Fernando Sergio Olivetti da Rocha
Diagramação: Sandra Bretz
Revisão gráfica: Nilton Braz da Rocha
Capa: Omar Santos
Arte-finalização: Editora Vozes
Ilustração de capa: Benedito G.G. Gonçalves

ISBN 978-85-326-5333-8

Este livro foi composto e impresso pela Editora Vozes Ltda.

Prefácio

A filósofa parisiense Simone Weil (1909-1943) nasceu em uma família de tradição judaica, mas com fortes influências agnósticas. Sua vida foi marcada por buscas e escolhas que a fizeram trilhar caminhos pouco convencionais para sua época. Entre lecionar Filosofia, Weil viveu uma experiência junto a operários da Renault (1934-1935), participou da Guerra Civil Espanhola (1936) e se juntou às Forças Francesas Livres (1942). Weil também viveu um período em Nova Yorque.

Inquieta, Simone Weil escreve mais sobre suas próprias questões que sobre teorias filosóficas. Isso faz com que seus textos tragam muitas de suas aspirações, por mais que não sejam biográficos. A maioria de seus escritos são anotações, cartas e esboços que, originalmente, não foram organizados por ela em uma obra. Mas tais textos tornaram-se mais importantes dentro de seu legado que os textos acadêmicos e artigos escritos por ela. Talvez a importância de seu legado esteja justamente por Weil ser uma mulher de vanguarda. Mesmo antes de movimentos libertários e ecumênicos que se articularam na Europa, ela já traz ideias fortemente marcadas pelo respeito à subjetividade e à autonomia do ser humano.

Entre os anos de 1936 e de 1938 Weil tem contato mais estreito com o cristianismo. Nesse período Weil passou por momentos tanto em Assis como em Solesmes, e o contato com o cristianismo despertou um dilema entre a adesão batismal e a sua individualidade.

Em 1941, Simone Weil encontra em Marselha com o dominicano Jean-Marie Perrin, que seria seu interlocutor em algumas cartas, todas tratando da possibilidade da adesão ao cristianismo. Algumas dessas cartas estão compiladas na obra *Espera de Deus* (Vozes).

Em 1942, Weil vai para Londres. Antes de seu embarque, ela escreve uma carta a Jean Wahl. Também escreve ao padre Couturier o texto que foi posteriormente publicado como *Carta a um religioso*. As cartas ao padre Courturier não tiveram respostas.

Simone Weil não se ocupa de escrever textos acadêmicos, por mais que trate da racionalidade no processo da percepção e vivência do amor de Deus. Mesmo tomando o diálogo com a filosofia, *Carta a um religioso* traz inspirações, sem muita organização sistêmica, mas que não deixam de ter a profundidade de suas reflexões. Diante de um mundo que sucumbia à guerra, Weil busca esclarecer algumas questões que para ela são essenciais.

Há para Weil uma dicotomia entre o cristianismo histórico e aquele vivido nos evangelhos. Ao olhar para Jesus ela se apaixona, mas não consegue ser igualmente seduzida pelos ensinamentos tridentinos ou por outros ensinamentos da ortodoxia.

Devemos situar o pensamento de Weil no escopo da experiência mística. E, como tal, ela não é avessa aos dogmas e doutrinas, mas entende que o conhecimento teórico não é sinônimo da vivência da caridade cristã. Essa, sim, meio eficaz que leva à experiência de Deus. Distingue-se a santidade como atitude do ser santo, entendido como *status*. A atitude de santidade é característica do cristão que busca viver inteiramente sua experiência batismal.

O místico estabelece uma relação íntima com Deus de modo a conformar a vontade humana à sua vontade. O místico toma como regra única a conformidade à vontade de Deus. A experiência mística não é lógica, mas existencial e simbólica. Trata-se da experiência do mistério daquele que encontra Deus sem buscá-lo, buscando-o quando sabe que não se é possível encontrá-lo, daquele que é íntimo de Deus sendo distante, que entende que a iniciativa é sempre de Deus, mas se sente seduzido por Ele.

Welder Lancieri Marchini
Editor Vozes

[...] Quando leio o catecismo do Concílio de Trento, parece-me não ter nada em comum com a religião que nele é exposta. Quando leio o Novo Testamento, os místicos, a liturgia, quando vejo a missa ser celebrada, sinto com uma espécie de certeza que essa fé é a minha ou, mais exatamente, seria a minha sem a distância colocada entre ela e mim por minha imperfeição. Isso constitui uma situação espiritual difícil. Eu gostaria de torná-la não menos difícil, porém mais clara. Qualquer dificuldade é aceitável na clareza. Vou enumerar pensamentos que habitam em mim há anos (pelo menos alguns deles) e se interpõem entre mim e a Igreja. Não lhe peço para discutir seu conteúdo. Ficaria feliz com tal discussão, no entanto mais tarde, em segundo lugar.

Peço-lhe uma resposta segura – sem fórmulas como "creio que" etc. – sobre a compatibilidade ou incompatibilidade de cada uma dessas opiniões com o pertencimento à Igreja. Caso haja incompatibilidade, gostaria que me dissesse claramente: eu recusaria o batismo (ou a absolvição) a quem me afirmasse aderir às opiniões contidas nas rubricas número tal, tal e tal. Não peço uma resposta rápida. Não há urgência. Peço apenas uma resposta categórica.

Desculpo-me por lhe causar este incômodo, mas não vejo como evitá-lo. Para mim, a reflexão sobre estes problemas está longe de ser brincadeira. Além de ser de importância mais do que vital, pois envolve a salvação eterna, é de uma importância que ultrapassa em muito, a meu ver, a de minha salvação. Um problema de vida e de morte é, em comparação, uma brincadeira.

Entre as opiniões que se seguirão, algumas são duvidosas para mim; mas, caso seja minimamente fidedigno considerá-las falsas, elas são para mim um obstáculo tão grave quanto os outros, pois tenho a firme convicção de que são duvidosas, ou seja, de que não é legítimo negá-las categoricamente.

Algumas dessas opiniões (especialmente as que concernem aos Mistérios, às Escrituras não judaico-cristãs, Melquisedec etc.) nunca foram condenadas, embora muito provavelmente tenham sido sustentadas nos primeiros séculos. Isso me leva a indagar se não foram secretamente aceitas. Seja como for, se hoje fossem publicamente expostas por mim ou por outros e condenadas pela Igreja, eu não as abandonaria, a menos que me persuadissem de que são falsas.

Penso nessas coisas há anos, com toda a intensidade de amor e de atenção de que disponho. Essa intensidade é miseravelmente pequena por causa de minha imperfeição, que é muito grande; mas ela é sempre crescente, ao que me parece. À medida que cresce, os laços que me vinculam à fé católica tornam-se cada vez mais fortes, cada vez mais arraigados no coração e na inteligência. Mas, ao mesmo tempo, os pensamentos que me afastam da Igreja também ganham força e clareza. Se esses pensamentos são de fato incompatíveis com o pertencimento à Igreja, há então pouca esperança de que algum dia eu possa participar dos sacramentos. Se assim for, não vejo como poderei evitar concluir que tenho por vocação ser cristã fora da Igreja. A possibilidade de tal vocação implicaria que a Igreja não fosse católica de fato, como o é de nome, e que um dia devesse tornar-se, se é que está destinada a cumprir sua missão.

As opiniões que se seguem têm para mim graus diversos de probabilidade ou de certeza, mas todas vêm acompanhadas em meu espírito por um ponto de interrogação. Só as expressarei no indicativo por causa da pobreza de linguagem; eu precisaria que a conjugação contivesse um modo suplementar. No domínio das coisas santas, nada afirmo categoricamente. Mas, das minhas opiniões, as que são conformes ao ensino da Igreja também vêm acompanhadas no meu espírito pelo mesmo ponto de interrogação.

Considero que uma certa suspensão do julgamento a respeito de todos os pensamentos, sejam eles quais forem, sem exceção, constitui a virtude da humildade no campo da inteligência.

Eis a lista:

1º) Tomando-se um momento da história anterior a Cristo e suficientemente distante dele – por exemplo, a uma distância de cinco séculos – e abstraindo-se o que se segue, nesse momento Israel tem menos a ver com Deus e com as verdades divinas do que muitos dos povos circunvizinhos (Índia, Egito, Grécia, China). Pois a verdade essencial concernente a Deus é que Ele é bom. Acreditar que Deus possa ordenar aos homens atos atrozes de injustiça e de crueldade é o maior erro que se pode cometer a seu respeito.

Zeus, na *Ilíada*, não ordena nenhuma crueldade. Os gregos acreditavam que "Zeus suplicante" habitasse em todo infeliz que implora piedade. Iahweh é o "Deus dos exércitos". A história dos hebreus mostra que não se trata apenas das estrelas, mas também dos guerreiros de Israel. Ora, Heródoto enumera uma grande quantidade de povos helênicos e asiáticos, entre os quais *um único* tinha um "Zeus dos exércitos". Essa blasfêmia era desconhecida por todos os outros. O *Livro dos mortos* egípcio, com pelo menos três mil anos de idade, decerto muito mais, está impregnado de caridade evangélica. (O morto diz a Osíris: "Senhor da Verdade, trago-te a verdade [...]. Destruí o mal para ti [...]. Não matei ninguém. Não fiz ninguém chorar. Não deixei ninguém padecer fome. Nunca fui causa de que um senhor fizesse mal a seu escravo. Não causei medo a nenhum homem. Nunca elevei a voz. Nunca fui surdo a palavras justas e verdadeiras. Não apresentei meu nome para receber honras. Não rejeitei Deus em suas manifestações [...]".)

Os hebreus, que por quatro séculos estiveram em contato com a civilização egípcia, recusaram-se a adotar esse espírito de doçura. Queriam o poder...

Todos os textos anteriores ao exílio são maculados por esse erro fundamental sobre Deus, creio – com exceção do Livro de Jó, cujo herói não é judeu, o Cântico dos Cânticos (mas será ele anterior ao exílio?) e alguns salmos de Davi (mas estará certa a atribuição?). A vida de todos os outros, a começar por Abraão, é conspurcada por coisas atrozes. (Abraão começa por prostituir sua mulher.)

Isso levaria a crer que Israel aprendeu a verdade mais essencial a respeito de Deus (ou seja, que Deus é bom antes de ser poderoso) com tradições estrangeiras, caldeia, persa ou grega, e graças ao exílio.

2º) O que chamamos de idolatria é em grande medida uma ficção do fanatismo judeu. Todos os povos em todos os tempos sempre foram monoteístas. Se hebreus dos velhos tempos ressuscitassem e se lhes fossem dadas armas, eles nos exterminariam todos, homens, mulheres e crianças, por crime de idolatria. Eles nos acusariam de adorar Baal e Astarte, tomando Cristo por Baal e a Virgem por Astarte.

Reciprocamente, Baal e Astarte talvez fossem representações de Cristo e da Virgem.

É com razão que se alegam contra certos cultos as devassidões que os acompanham – mas, acredito, muito mais raramente do que hoje se pensa.

Contudo as crueldades ligadas ao culto de Iahweh, os extermínios ordenados por Ele, são conspurcações pelo menos igualmente atrozes. A crueldade é um crime ainda mais horrendo do que a luxúria. A luxúria se satisfaz, aliás, tanto no assassínio quanto na união carnal.

Os sentimentos por suas estátuas dos assim chamados pagãos eram, muito provavelmente, os mesmos inspirados hoje pelos crucifixos e pelas estátuas da Virgem e dos santos, com os mesmos desvios nas pessoas espiritual e intelectualmente medíocres.

Ora, não é comum atribuir-se determinada virtude sobrenatural a determinada estátua da Virgem?

Mesmo que acontecesse acreditarem que a divindade estivesse totalmente presente na pedra ou na madeira, talvez às vezes tivessem razão. Acaso não acreditamos que Deus está presente no pão e no vinho? Talvez houvesse presença real de Deus em estátuas executadas e consagradas segundo certos ritos.

A verdadeira idolatria é a cobiça (πλεονεξία, ἥτις ἐστὶν εἰδωλολατρία. Cf. Cl 3,5), e a nação judaica, em sua sede de bens carnais, a cometia nos próprios momentos em que adorava seu Deus. Os hebreus tiveram como ídolo, não metal ou madeira, mas uma raça, uma nação, coisa igualmente terrestre. Sua religião é em essência inseparável dessa idolatria por causa da noção de "povo eleito".

3°) As cerimônias dos mistérios de Elêusis e de Osíris eram vistas como sacramentos no sentido em que o entendemos hoje. E *talvez* fossem verdadeiros sacramentos, tendo a mesma virtude que o Batismo ou a Eucaristia, extraindo essa virtude da mesma relação com a Paixão de Cristo. A Paixão estava por vir. Hoje ela passou. O passado e o futuro são simétricos. A cronologia não pode ter papel determinante numa relação entre Deus e o homem, uma relação da qual um termo é eterno.

Se a Redenção, com os sinais e os meios sensíveis correspondentes a ela, não estivesse presente na Terra desde a origem, não se poderia perdoar a Deus – se é que é permitido empregar esses termos sem incorrer em blasfêmia – a desgraça de tantos inocentes, erradicados, escravizados, torturados e assassinados ao longo dos séculos anteriores à era cristã. Cristo está presente nesta Terra, a menos que os homens o expulsem, por toda parte onde haja crime e desgraça. Sem os efeitos sobrenaturais dessa presença, como os inocentes esmagados pela desgraça evitariam cair no crime de maldizer Deus e, por conseguinte, na danação?

Aliás, São João fala no "Cordeiro que foi degolado desde a fundação do mundo".

A prova de que o conteúdo do cristianismo existia antes de Cristo é que desde então não houve mudanças consideráveis do comportamento dos homens.

4º) *Talvez* tenha havido em diversos povos (Índia, Egito, China, Grécia) escrituras sagradas reveladas da mesma maneira que as Escrituras judaico-cristãs. Alguns textos hoje subsistentes talvez sejam fragmentos ou ecos delas.

5º) As passagens da Escritura (Gênesis, Salmos, São Paulo) concernentes a Melquisedec provam que já no alvorecer de Israel existia fora de Israel um culto de Deus, um conhecimento de Deus situados no próprio plano do cristianismo e infinitamente superiores a tudo o que jamais Israel possuiu.

Nada impede a suposição de um vínculo entre Melquisedec e os mistérios antigos. Há afinidade entre o pão e Deméter, o vinho e Dioniso.

Melquisedec, segundo o Gênesis, é aparentemente um rei de Canaã. Então provavelmente a corrupção e a impiedade das cidades de Canaã ou datavam apenas de havia alguns séculos, no momento dos massacres, ou eram invenções caluniosas dos hebreus contra suas vítimas.

6º) A passagem de São Paulo sobre Melquisedec, confrontada com a palavra de Cristo "Abraão viu meu dia", até poderia indicar que Melquisedec já era uma Encarnação do Verbo.

Seja como for, não é certo que o Verbo não tenha tido encarnações anteriores a Jesus e que Osíris no Egito e Krishna na Índia não o tenham sido.

7º) Se Osíris não é um homem que viveu na Terra ainda que sendo Deus, da mesma maneira que Cristo, então pelo menos a história de Osíris é uma profecia infinitamente mais clara, mais completa e mais próxima da verdade do que tudo o que assim se denomina no Antigo Testamento. Assim é também para outros deuses mortos e ressuscitados.

A extrema importância *atual* desse problema resulta de que está se tornando urgente remediar o divórcio, que existe há vinte séculos e continua se agravando entre a civilização profana e a espiritualidade nos territórios cristãos. Nossa civilização não deve nada a Israel e muito pouca coisa ao cristianismo; ela deve quase tudo à antiguidade pré-cristã (germanos, druidas, Roma, Grécia, egeu-cretenses, fenícios, egípcios, babilônios...). Se há uma separação estanque entre essa antiguidade e o cristianismo, a mesma separação há entre nossa vida profana e nossa vida espiritual. Para que o cristianismo se encarne verdadeiramente, para que a inspiração cristã impregne a vida integralmente, antes é preciso reconhecer que historicamente nossa civilização profana provém de uma inspiração religiosa que, embora cronologicamente pré-cristã, era cristã em sua essência. A Sabedoria de Deus deve ser vista como o caminho único de toda a luz neste mundo, até mesmo das luzes tão fracas que iluminam as coisas deste mundo.

E também para Prometeu. A história de Prometeu é a própria história de Cristo projetada no eterno. Falta-lhe apenas a localização no tempo e no espaço.

A mitologia grega está cheia de profecias. Também as narrativas do folclore europeu, o que chamamos de contos de fadas.

Muitos nomes de divindades gregas são provavelmente, na realidade, nomes que designam uma única Pessoa divina, ou seja, o Verbo. Penso que seja esse o caso de

Dioniso, Apolo, Ártemis, Afrodite celeste, Prometeu, o Amor, Prosérpina e muitos outros.

Creio também que Héstia, Atena e talvez Hefestos são nomes do Espírito Santo. Héstia é o Fogo central. Atena saiu da cabeça de Zeus depois que este devorou sua esposa, a Sabedoria, que estava grávida; portanto ela "procede" de Deus e de sua Sabedoria. Tem por atributo a oliveira, e o óleo, nos sacramentos cristãos, tem afinidade com o Espírito Santo.

É comum que se comentem certos atos, certas palavras de Cristo dizendo: "Seria preciso que as profecias fossem cumpridas". Trata-se das profecias hebraicas. Mas outros atos, outras palavras poderiam também ser comentadas com relação às profecias não hebraicas.

Cristo começou sua vida pública transformando água em vinho. Terminou-a transformando vinho em sangue. Marcou assim sua afinidade com Dioniso. Também pela Palavra: "Eu sou a videira verdadeira."

A Palavra "Se o grão não morrer" expressa sua afinidade com as divindades mortas e ressuscitadas que tinham a vegetação como imagem, como Átis e Prosérpina.

A maternidade da Virgem tem relações misteriosas com uma palavra do *Timeu* de Platão referente a uma determinada essência, mãe de todas as coisas e sempre intacta. Todas as deusas mães da Antiguidade, como Deméter, Ísis, eram figuras da Virgem.

A comparação tão insistente da cruz com uma árvore, da crucificação com o enforcamento, deve ter relação com mitologias hoje desaparecidas.

Se o poema escandinavo *A runa de Odin* é anterior a qualquer contaminação cristã (o que é inaveriguável), ele também contém uma profecia muito surpreendente:

"Sei que fiquei pendurado a uma árvore balançada pelo vento, por nove noites inteiras, ferido por uma lança, oferenda a Odin, eu para mim mesmo. Aquela árvore cujas raízes ninguém conhece.

Ninguém me deu pão, nem o que beber. Olhei para baixo, vi as runas, chorando as compreendi, depois desci dali" (Primeira Edda).

O termo "cordeiro de Deus" sem dúvida tem relação com tradições talvez ligadas ao que hoje chamamos de totemismo. A história de Zeus Amon em Heródoto (Zeus degola um carneiro para apresentar-se a quem lhe suplica que se mostre coberto com seu velo), confrontada com a palavra de São João: "O Cordeiro degolado já na constituição do mundo", lança intensa luz sobre a questão. O primeiro sacrifício que agradou a Deus, o de Abel, lembrado no cânone da missa como uma figura daquele de Cristo, era um sacrifício animal. O mesmo ocorre quanto ao segundo, o de Noé, que salvou definitivamente a humanidade da cólera de Deus e provocou um pacto de Deus com os homens. Estes são os próprios efeitos da Paixão de Cristo. Há uma relação muito misteriosa entre os dois.

Deve-se ter pensado, em tempos muito antigos, que há presença real de Deus nos animais que são mortos para serem comidos; que Deus desce neles para se oferecer como alimento aos homens. Esse pensamento fazia do alimento animal uma comunhão, ao passo que, em outras circunstâncias, é um crime, a não ser segundo uma filosofia mais ou menos cartesiana*.

---

* O Antigo Testamento.

Talvez em Tebas, no Egito, houvesse presença real de Deus no carneiro ritualmente sacrificado, como hoje na hóstia consagrada.

Vale a pena observar que, no momento em que Cristo foi crucificado, o sol estava na constelação do Carneiro.

Platão, no *Timeu*, descreve a constituição astronômica do universo como uma espécie de crucificação da Alma do Mundo, o ponto de cruzamento sendo o ponto equinocial, ou seja, a constelação do Carneiro.

Vários textos (*Timeu*, *Epínomis*, *O Banquete*, Filolau, Proclo) indicam que a construção geométrica da média proporcional entre um número e a unidade, centro da geometria grega, era o símbolo da mediação divina entre Deus e o homem.

Ora, um grande número de palavras de Cristo relatadas pelos evangelhos (sobretudo de São João) tem, com insistência muito acentuada, que só pode ser intencional, a forma algébrica da média proporcional. Exemplo: "Como o Pai me enviou, assim também eu vos envio etc." A mesma relação une o Pai a Cristo, Cristo aos discípulos. Cristo é média proporcional entre Deus e os santos. A própria palavra mediação o indica.

Concluo daí que, como Cristo se reconheceu no Messias dos Salmos, no Justo sofredor de Isaías, na serpente de bronze do Gênesis, assim também Ele se reconheceu na média proporcional da geometria grega, que se torna então a mais brilhante das profecias.

Ênio, em um escrito pitagórico, diz: "Chama-se a Lua de Prosérpina [...] porque *como uma serpente* ela está voltada ora para a esquerda, ora para a direita".

Todos os deuses mediadores, assimiláveis ao Verbo, são deuses lunares, portadores de cornos, de liras ou de arcos, que evocam a lua crescente (Osíris, Ártemis, Apolo, Hermes, Dioniso, Zagreu, o Amor...). Prometeu é exceção, mas, em Ésquilo, Ío corresponde a ele, condenada à perpétua errância, como ele foi condenado à crucificação; e ela tem cornos. (Observe-se que, antes de ser crucificado, Cristo era um errante – e Platão descreve o Amor como um miserável errante.)

Se o Sol é a imagem do pai, a Lua, reflexo perfeito do esplendor solar, mas reflexo que pode ser contemplado e que sofre a diminuição e o desaparecimento, é a imagem do Filho. A luz é então a do Espírito.

Heráclito tinha uma Trindade, que se vislumbra apenas através dos fragmentos que dele nos restam, mas que aparece claramente no *Hino a Zeus* de Cleanto, de inspiração heraclitiana. As Pessoas são: Zeus, o *Logos* e o Fogo divino ou Raio.

Cleanto diz a Zeus: "Este universo *consente* na dominação (ἑκὼν κρατεῖται) – Essa é a virtude do servidor que tens sob tuas mãos invisíveis – De fogo, de gume duplo, eternamente vivo, o raio". O raio não é um instrumento de coerção, mas o fogo que suscita o consentimento e a obediência voluntária. É, portanto, o Amor. E esse Amor é um servidor, eternamente vivo, portanto uma Pessoa. As representações tão antigas de Zeus com um machado de gume duplo (símbolo do raio), nos baixos-relevos cretenses, talvez já tivessem esse significado. – Confrontar "de gume duplo" com as palavras de Cristo: "Não vim trazer a paz, e sim a espada".

O Fogo é constantemente o símbolo do Espírito Santo no Novo Testamento.

Os estoicos, herdeiros de Heráclito, chamavam de *pneuma* o fogo cuja energia sustenta a ordem do mundo. *Pneuma* é um sopro ígneo.

A semente que produz a geração carnal era, segundo eles e segundo os pitagóricos, um *pneuma* misturado com líquido.

A palavra de Cristo sobre o novo nascimento – e por conseguinte toda a simbólica do batismo –, para ser bem entendida, deve ser confrontada especialmente com as concepções pitagórica e estoica da geração. Aliás, Justino, creio, compara o batismo à geração. Assim, a palavra órfica "Cabrito, caíste no leite" talvez deva ser comparada ao batismo (os antigos viam o leite como sendo feito do sêmen do pai).

A famosa palavra "o grande Pã morreu" talvez pretendesse anunciar, não o desaparecimento da idolatria, mas a morte de Cristo – sendo Cristo o grande Pã, o grande Tudo. Platão (*Crátilo*) diz que Pã é o "*logos*". No *Timeu* ele dá esse nome à Alma do Mundo.

São João, usando as palavras *logos* e *pneuma*, indica a profunda afinidade que liga o estoicismo grego (a ser distinguido daquele de Catão e de Brutus!) ao cristianismo.

Platão também conhecia claramente e indicou por alusões em suas obras os dogmas da Trindade, da Mediação, da Encarnação, da Paixão, e as noções da graça e da salvação pelo amor. Ele conheceu a verdade essencial, ou seja, que Deus é o Bem. Ele é a Onipotência apenas por acréscimo.

Ao dizer "Eu vim pôr fogo à terra, e como gostaria que já estivesse aceso!", Cristo indicou sua afinidade com Prometeu.

Sua Palavra "Eu sou o Caminho" deve ser comparada ao Tao chinês, termo que quer dizer literalmente o caminho e, metaforicamente, por um lado o método da salvação, por outro lado o Deus impessoal que é o da espiritualidade chinesa, mas que, embora impessoal, é o modelo dos sábios e age continuamente.

Sua Palavra "Eu sou a Verdade" leva a pensar em Osíris, Senhor da Verdade.

Quando diz, numa de suas palavras mais importantes, "Os que fazem a verdade" (ποιοῦντες ἀλήθειαν), ele emprega uma expressão que não é grega e que, tanto que eu saiba, não é hebraica (a verificar). Em compensação, ela é egípcia. Maat quer dizer ao mesmo tempo justiça e verdade. Isso é significativo. Decerto não é por acaso que a Sagrada Família foi para o Egito.

O batismo visto como uma morte equivale às iniciações antigas. São Clemente Romano emprega a palavra "iniciado" por batizado. O emprego da palavra "mistérios" para designar os sacramentos indica a mesma equivalência. O batistério circular é muito semelhante à bacia de pedra em que, segundo Heródoto, era celebrado o mistério da paixão de Osíris. Ambos talvez evoquem o alto-mar, aquele em que flutuavam a arca de Noé e a de Osíris, madeiras que salvaram a humanidade antes da madeira da cruz.

Muitos relatos da mitologia e do folclore poderiam ser traduzidos como verdades cristãs sem nada forçar nem deformar, mas, ao contrário, lançando sobre eles luz intensa. E essas verdades também seriam esclarecidas.

8º) Todas as vezes que um homem invocou com coração puro Osíris, Dioniso, Krishna, Buda, o Tao etc., o Filho de Deus respondeu enviando-lhe o Espírito Santo. E o Espírito agiu sobre sua alma, não o incitando a abandonar sua tradição religiosa, mas dando-lhe a luz – e no melhor dos casos a plenitude da luz – no interior dessa tradição.

A prece entre os gregos assemelhava-se muito à prece cristã. Quando Ésquilo diz, em *As rãs* de Aristófanes, "Deméter, tu que alimentaste meu pensamento, que eu seja digno de teus mistérios!", isso se assemelha muito a uma prece à Virgem e deveria ter a mesma virtude. Ésquilo descreve perfeitamente a contemplação nos versos esplêndidos: "Quem, com o pensamento voltado para Deus, anunciar sua glória – este receberá a plenitude da sabedoria". (Ele conhecia a Trindade: "[...] junto de Zeus estão seu ato e sua palavra".)

Assim, é inútil enviar missões para incitar a gente da Ásia, da África ou da Oceania a entrar na Igreja.

9º) Quando Cristo disse: "Ensinai todas as nações e levai-lhes a nova", Ele ordenava que fosse levada uma nova, não uma teologia. Ele próprio, que viera, segundo dizia, "apenas para as ovelhas de Israel", acrescentou essa nova à região de Israel.

Provavelmente Ele queria que cada apóstolo acrescentasse também a boa-nova da vida e da morte de Cristo à religião do lugar em que se encontrasse. Mas a ordem foi mal-entendida, por causa do nacionalismo inextirpável dos judeus. Foi preciso que impusessem por toda parte sua Escritura.

A quem julga que é muita presunção supor que os apóstolos tenham entendido mal as ordens de Cristo, responderei que é absolutamente certo que tenha havido, por parte deles, incompreensão sobre certos pontos. Pois, depois de o Cristo ressuscitado dizer "Ide ensinar as nações (ou os gentios) e batizai-as", depois de ter passado quarenta dias com os discípulos a lhes revelar sua doutrina, Pedro precisou mesmo assim de uma revelação especial e de um sonho para se decidir a batizar um pagão; teve de invocar esse sonho para explicar aquele ato aos que o cercavam; e Paulo teve muita dificuldade para eliminar a circuncisão.

Por outro lado, está escrito que a árvore é julgada por seus frutos. A Igreja trouxe muitos frutos ruins para que não tenha havido um erro já de início.

A Europa foi espiritualmente desenraizada, amputada daquela antiguidade em que têm origem todos os elementos de nossa civilização; e ela foi desenraizar os outros continentes a partir do século XVI.

O cristianismo, depois de vinte séculos, praticamente não saiu da raça branca; o catolicismo é bem mais restrito ainda. A América permaneceu dezesseis séculos sem ouvir falar de Cristo (no entanto São Paulo dissera: A Nova que foi anunciada a *toda* a criação) e suas nações foram destruídas em meio às mais horríveis crueldades antes de terem tempo de o conhecer. O zelo dos missionários não cristianizou a África, a Ásia e a Oceania, mas levou esses territórios à dominação fria, cruel e destruidora da raça branca, que esmagou tudo.

Seria curioso que a palavra de Cristo tivesse produzido esses efeitos se tivesse sido bem entendida.

Cristo disse: "Ensinai as nações e batizai os que creem", ou seja, os que creem nele. Ele nunca disse: "Obrigai-os a renegar tudo o que seus pais consideraram sagrado e a adotar como livro sagrado a história de um pequeno povo que não conhecem". Afirmaram-me que os hindus não seriam, de modo algum, impedidos por sua tradição de receber o batismo, se os missionários não lhes impusessem como condição a de renegar Vishnu e Shiva. Se um hindu crê que Vishnu é o Verbo e Shiva o Espírito Santo, e que o Verbo foi encarnado em Krishna e em Rama antes de o ser em Jesus, com que direito o batismo lhe seria recusado? – Do mesmo modo, na querela dos jesuítas e do papado sobre as missões na China, os jesuítas é que cumpriam a palavra de Cristo.

10°) A ação missionária tal como é de fato conduzida (sobretudo desde a condenação da política dos jesuítas na China no século XVII) é ruim, salvo, talvez, em casos particulares. Os missionários, mesmo mártires, são acompanhados de muito perto pelos canhões e navios de guerra para serem verdadeiras testemunhas do Cordeiro. Não tenho conhecimento de que a Igreja jamais tenha censurado oficialmente as ações punitivas empreendidas para vingar os missionários.

Pessoalmente, eu nunca daria nem mesmo vinte soldos para uma obra de missionários. Creio que para um homem a mudança de religião é coisa tão perigosa quanto, para um escritor, a mudança de língua. Pode dar certo, mas também pode ter consequências funestas.

11°) A religião católica contém explicitamente verdades que outras religiões contêm implicitamente. Mas, reciprocamente, outras religiões contêm explicitamente verdades que só são implícitas no cristianismo. O mais instruído cristão ainda pode aprender muito sobre as coisas divinas em outras tradições religiosas, embora a luz interior também possa fazer com que ele perceba tudo através da sua. Contudo, se essas outras tradições desaparecessem da superfície da Terra, seria uma perda irreparável. Os missionários já fizeram desaparecer demasiadas.

São João da Cruz compara a fé a reflexos de prata, ao passo que a verdade é o ouro. As diversas tradições religiosas autênticas são diferentes reflexos da mesma verdade e, talvez, igualmente preciosos. Mas ninguém se dá conta disso porque cada um vive uma única dessas tradições e percebe as outras de fora. Ora, como os católicos, com razão, repetem incessantemente para os descrentes, uma religião só se conhece a partir de dentro.

É como se, no caso de dois homens colocados em quartos conjugados, ao ver o sol pela janela e a parede do vizinho iluminada por seus raios, cada um achasse que só ele está vendo o sol e que o vizinho só vê seu reflexo.

A Igreja reconhece que a diversidade das vocações é preciosa. Deve-se estender esse pensamento às vocações situadas fora da Igreja. Pois elas existem.

12°) Como dizem os hindus, Deus é ao mesmo tempo pessoal e impessoal. É impessoal no sentido de que sua maneira infinitamente misteriosa de ser uma Pessoa difere infinitamente da maneira humana. Só se pode compreender esse mistério empregando ao mesmo tempo, como as duas hastes de uma pinça, essas duas noções contrárias, incompatíveis neste mundo, só compatíveis em Deus. (O mesmo ocorre para muitos pares de contrários, conforme compreenderam os pitagóricos.)

Só se pode pensar Deus ao mesmo tempo, não sucessivamente, como três e um (coisa que poucos católicos conseguem) pensando-o ao mesmo tempo como pessoal e impessoal. Caso contrário representa-se ora uma só Pessoa divina, ora três Deuses. Muitos cristãos confundem essa oscilação com a verdadeira fé.

Santos de espiritualidade muito elevada, como São João da Cruz, captaram simultaneamente e com igual força os aspectos pessoal e impessoal de Deus. Almas menos avançadas dirigem sua atenção e sua fé sobretudo ou exclusivamente a um desses dois aspectos. Assim, a pequena Santa Teresa de Ávila só concebia um Deus pessoal.

Como no Ocidente a palavra Deus, no sentido corrente, designa uma Pessoa, homens que têm a atenção, a fé e o amor dirigidos quase exclusivamente ao aspecto impessoal de Deus podem considerar-se e dizer-se ateus, embora o amor sobrenatural habite em sua alma. Estes certamente estão salvos.

Eles se reconhecem por sua atitude com respeito às coisas deste mundo. Todos os que têm em estado puro o amor ao próximo e a aceitação da ordem do mundo, inclusive a desgraça, todos eles, mesmo que vivam e morram aparentemente ateus, certamente serão salvos.

Os que têm perfeitamente essas duas virtudes, mesmo que vivam e morram ateus, são santos.

Quando encontramos homens assim, é inútil querer convertê-los. São todos convertidos, embora não visivelmente: foram novamente engendrados a partir da água e do espírito, mesmo que nunca tenham sido batizados; comeram o pão da vida, mesmo nunca tendo comungado.

13°) A caridade e a fé, embora distintas, são inseparáveis. As duas formas de caridade o são mais ainda. Quem é capaz de um movimento de compaixão pura para com um infeliz (coisa muito rara, aliás) possui, talvez implicitamente, mas sempre realmente, o amor de Deus e a fé.

Cristo não salva todos os que lhe dizem: "Senhor, Senhor." Mas salva todos os que, com coração puro, dão um pedaço de pão a um faminto, sem pensar nem um pouco nele. Estes, quando Ele lhes agradece, respondem: "Quando foi, Senhor, que nós te alimentamos?"

Portanto, a afirmação de Santo Tomás, de que aquele que recusa aderir a um só artigo de fé não tem nenhum grau de fé, é falsa, a menos que se possa estabelecer que os hereges nunca tiveram caridade para com o próximo. Mas isso seria difícil. Ao que se sabe, os "perfeitos" cátaros, por exemplo, tinham-na a um grau muito raro, até mesmo entre os santos.

Se afirmássemos que o diabo produz nos hereges a aparência de tais virtudes para melhor seduzir as almas, iríamos contra a Palavra "Conhecereis a árvore por seu fruto". Estaríamos raciocinando exatamente como aqueles que viam Cristo como demoníaco; e talvez estivéssemos muito perto de cometer o pecado sem perdão, a blasfêmia contra o Espírito.

Também um ateu ou um "infiel" capazes de compaixão pura estão tão próximos de Deus quanto um cristão, por conseguinte o conhecem igualmente bem, embora seu conhecimento se expresse por outras palavras ou permaneça mudo. Pois "Deus é Amor". E, se Ele recompensa os que o procuram, Ele dá a luz aos que se aproximam dele, sobretudo se desejam a luz.

14º) São João disse: "Quem crê que Jesus é o Cristo nasceu de Deus". Portanto, quem crê isso, mesmo não aderindo a nada mais do que a Igreja afirma, tem a verdadeira fé. Assim, Santo Tomás está completamente errado. Além disso, a Igreja, ao acrescentar à Trindade, à Encarnação e à Redenção outros artigos de fé, contrariou o Novo Testamento. Para seguir São João, ela jamais deveria ter excomungado apenas os "docetistas", os que negam a Encarnação. A definição da fé pelo catecismo do Concílio de

Trento (crença sólida em tudo o que a Igreja ensina) está muito distante daquela de São João, para quem a fé era pura e simplesmente a crença na Encarnação do Filho de Deus na pessoa de Jesus.

Tudo acontece como se, com o tempo, já não se considerasse Jesus, mas sim a Igreja, como sendo Deus encarnado neste mundo. A metáfora do "Corpo Místico" serve como ponte entre as duas concepções. Mas há uma pequena diferença: é que Cristo era perfeito, ao passo que a Igreja é maculada por uma grande quantidade de crimes.

A concepção tomista da fé implica um "totalitarismo" tão sufocante ou mais do que o de Hitler. Pois, se o espírito adere completamente não apenas a tudo o que a Igreja reconheceu como sendo fidedigno, mas, também, a tudo o que ela jamais reconhecerá como tal, a inteligência deve ser amordaçada e reduzida a tarefas servis.

A metáfora do "véu" ou do "reflexo" aplicada pelos místicos à fé permite-lhes sair desse sufoco. Aceitam o ensinamento da Igreja, não como sendo a verdade, mas como sendo algo por trás do que se encontra a verdade.

Isso está muito distante da fé definida pelo catecismo do Concílio de Trento. Tudo acontece como se, sob a mesma denominação de catolicismo e no interior da mesma organização social, houvesse duas religiões distintas, a dos místicos e a outra.

Creio que a primeira é a verdadeira e que a confusão das duas teve ao mesmo tempo grandes vantagens e grandes inconvenientes.

Segundo a frase de São João, a Igreja nunca teve o direito de excomungar quem acreditasse verdadeiramente que Cristo era o Filho de Deus que descera encarnado a este mundo.

A definição de São Paulo é mais ampla ainda, "crer que Deus existe e recompensa os que os que o procuram". Essa concepção também não tem nada em comum com as de Santo Tomás e do Concílio de Trento. Há até uma contradição. Ora, como ousar afirmar que entre os hereges nunca houve nenhum que procurasse Deus?

15º) Os samaritanos estavam para a Lei antiga assim como os hereges estão para a Igreja. Os "perfeitos" cátaros (entre outros) estavam para muitos teólogos assim como o samaritano da parábola está para o padre ou para o levita. Então, o que pensar dos que os deixaram massacrar e instigaram Simão de Montfort?

Essa parábola deveria ter ensinado a Igreja a nunca excomungar quem pratica o amor ao próximo.

16º) De acordo com o que me é dado ver, não há real diferença – a não ser quanto às modalidades de expressão – entre a concepção maniqueísta e a concepção cristã da relação entre o bem e o mal.

17º) A tradição maniqueísta é daquelas em que se pode ter certeza de encontrar verdade se estudada com bastante piedade e atenção.

18º) Sendo Noé "uma figura de Cristo" (cf. Orígenes), um justo perfeito, cujo sacrifício agradou a Deus e salvou a humanidade, em cuja pessoa Deus fez aliança com todos os homens, sua embriaguez e sua nudez provavelmente devem ser entendidas no sentido místico. Nesse caso, os hebreus teriam deformado a história, como semitas e assassinos dos cananeus. Cam teria compartilhado a revelação de Noé; Sem e Jafé teriam se recusado a compartilhá-la.

Um gnóstico citado por Clemente de Alexandria (*Stromata,* VI, 6) afirma que a teologia alegórica de Ferécides (mestre de Pitágoras) é extraída das "profecias de Cam" – Ferécides era sírio. Ele disse: "Zeus, no momento de criar, transformou-se em Amor [...]" – Seria esse Cam o filho de Noé?

O que leva a pensá-lo é a genealogia. São oriundos de Cam os egípcios, os filisteus (ou seja, os egeu-cretenses ou pelasgos, muito provavelmente), os fenícios, os sumérios, os cananeus – em outras palavras, toda a civilização mediterrânea imediatamente anterior aos tempos históricos.

Heródoto, sancionado por numerosos indícios, afirma que os helenos obtiveram todos os seus conhecimentos metafísicos e religiosos do Egito, por intermédio dos fenícios e dos pelasgos.

Sabemos que os babilônios tinham obtido suas tradições dos sumérios – a quem remonta, por conseguinte, a "sabedoria caldeia".

(Também, o druidismo da Gália é muito provavelmente ibérico e não celta; pois, segundo Diógenes Laércio, alguns gregos viam nele uma das origens da filosofia grega, o que aliás seria incompatível com a chegada tardia dos celtas à Gália.)

Ezequiel, na esplêndida passagem em que compara o Egito à árvore da vida e Tiro ao querubim que a guarda, confirma exatamente o que Heródoto nos diz.

Ao que parece, portanto, os povos oriundos de Cam, e primeiramente do Egito, conheceram a verdadeira religião, a religião de amor, em que Deus é vítima sacrificada ao mesmo tempo que senhor-todo poderoso. Entre os povos oriundos de Sem ou de Jafé, uns – como os babilônios, os celtas, os helenos – receberam essa revelação dos povos oriundos de Cam depois de os ter conquistado e invadido. Os outros – romanos, hebreus – a recusaram por orgulho e vontade de poder nacional. (Entre os hebreus, deve-se excetuar Daniel, Isaías, o autor do Livro de Jó e alguns outros; entre os romanos, Marco Aurélio e, em certo sentido, talvez homens como Plauto e Lucrécio.)

Cristo nasceu em um território pertencente a esses dois povos rebeldes. Mas a inspiração que está no centro da religião cristã é irmã daquela dos pelasgos, do Egito, de Cam.

No entanto Israel e Roma deixaram sua marca no cristianismo, Israel fazendo incluir nele o Antigo Testamento como texto sagrado, Roma tornando o cristianismo a religião oficial do Império Romano, que era algo como isso com que Hitler sonha.

Essa dupla mácula quase original explica todas as máculas que tornam a história da Igreja tão atroz no decorrer dos séculos.

Algo tão horrível como a crucificação de Cristo só poderia produzir-se em um lugar em que o mal triunfasse em muito sobre o bem. Mas também a Igreja nascida e crescida num lugar como esse deveria ser impura desde a origem e assim permanecer.

19º) A Igreja só é perfeitamente pura num aspecto: como mantenedora dos sacramentos. O que é perfeito não é a Igreja, mas o corpo e o sangue de Cristo nos altares.

20º) A Igreja não parece ser infalível; mas de fato ela evolui. Na Idade Média, a palavra "Fora da Igreja não há salvação" era tomada no sentido literal pelo magistério geral da Igreja. Pelo menos é o que os documentos parecem indicar. E hoje ela é entendida no sentido da Igreja invisível.

Um concílio declara anátema quem não crê apenas na palavra de Cristo, "[...] quem não é engendrado novamente a partir da água e do Espírito [...]", a palavra água designa a matéria do batismo. Nesse caso todos os padres, hoje, são anátemas. Pois, se um homem que não teve nem desejou o batismo pode ser salvo, como é geralmente admitido hoje, ele deve ter renascido da água e do espírito em certo sentido, necessariamente simbólico; toma-se a palavra "água", então, num sentido simbólico.

Um concílio declara anátema quem diz ter certeza da perseverança final sem revelação particular. Santa Teresa de Lisieux, pouco antes de morrer, disse ter certeza de sua salvação, sem alegar nenhuma revelação. Isso não impediu que fosse canonizada.

Ao se perguntar a vários padres se determinada coisa é fidedigna, obtém-se respostas diferentes e, com frequência, dubitativas. Isso torna uma situação impossível, ao passo que o edifício é tão rígido que tornou possível a Santo Tomás emitir a afirmação citada acima.

Há nisso alguma coisa incongruente.

21º) Em particular, a crença de que um homem pode ser salvo fora da Igreja visível exige que se volte a pensar todos os elementos da fé, sob pena de completa incoerência. Pois todo o edifício está construído em torno da afirmação contrária, que hoje quase ninguém ousaria sustentar.

Ainda não se quis reconhecer a necessidade dessa revisão. Empregam-se artifícios miseráveis para evitá-la. Mascaram-se as incongruências com arremedos de conexões, faltas de lógica flagrantes.

Se a Igreja não reconhecer logo essa necessidade, é de temer que ela não possa cumprir sua missão.

Não há salvação sem "novo nascimento", sem iluminação interior, sem presença de Cristo e do Espírito Santo na alma. Se, portanto, há possibilidade de salvação fora da Igreja, há possibilidade de revelações individuais ou coletivas fora do cristianismo. Neste caso, a verdadeira fé constitui uma espécie de adesão muito diferente da que consiste em acreditar nesta ou naquela opinião. É preciso pensar de novo a noção de fé.

22º) De fato, os místicos de quase todas as tradições religiosas assemelham-se quase a ponto de se identificarem. Eles constituem a verdade de cada uma.

A contemplação praticada na Índia, na Grécia, na China etc., é tão sobrenatural quanto a dos místicos cristãos. Especialmente, há uma afinidade muito grande entre Platão, por exemplo, e São João da Cruz. Também entre os upanixades hindus e São João da Cruz. O taoismo também é muito próximo da mística cristã.

O orfismo e o pitagorismo eram tradições místicas autênticas. Elêusis também.

23º) Não há nenhuma razão para supor que depois de um crime tão atroz como o assassínio de um ser perfeito a humanidade devesse tornar-se melhor; e de fato, globalmente, não parece que ela tenha se tornado melhor.

A Redenção se coloca num outro plano, um plano eterno.

De maneira geral, não há razão para estabelecer uma ligação entre o grau de perfeição e a cronologia.

O cristianismo introduziu no mundo a noção de progresso, antes desconhecida; e essa noção, tornando-se o veneno do mundo moderno, o descristianizou. É preciso abandoná-la.

É preciso desfazer-se da superstição da cronologia para encontrar a eternidade.

24º) Os dogmas da fé não são coisas para serem afirmadas. São coisas para olhar a certa distância, com atenção, respeito e amor. É a serpente de bronze cuja virtude é tal que quem a olhar viverá. Esse olhar atento e amoroso, por um efeito reflexo, faz jorrar na alma uma fonte de luz que ilumina todos os aspectos da vida humana neste mundo. Os dogmas perdem essa virtude quando são afirmados.

As proposições "Jesus Cristo é Deus" ou "O pão e o vinho consagrados são a carne e o sangue de Cristo", enunciadas como fatos, não têm rigorosamente nenhum sentido.

O valor dessas proposições é absolutamente diferente da verdade encerrada no enunciado exato de um fato (ex.: Salazar é chefe do governo português) ou de um teorema geométrico.

Esse valor não é, rigorosamente, da ordem da verdade, mas de uma ordem superior; pois é um valor apreensível não pela inteligência, mas indiretamente pelos efeitos. E a verdade, no sentido estrito, é do âmbito da inteligência.

25º) Os milagres não são provas da fé (proposição declarada anátema por não sei que concílio).

Se os milagres constituem provas, eles provam demasiadamente. Pois todas as religiões têm e sempre tiveram seus milagres, inclusive as mais estranhas seitas. É o caso de mortos ressuscitados em Luciano. As tradições hindus estão repletas de tais histórias, e diz-se que ainda hoje, na Índia, os milagres são acontecimentos sem interesse, por causa de sua banalidade.

Afirmar ou que os milagres cristãos são os únicos autênticos e todos os outros são mentirosos, ou que são os únicos produzidos por Deus e todos os outros o são pelo demônio, é um expediente indigno. Pois é uma afirmação arbitrária, então os milagres não provam nada; eles é que precisam ser provados, já que recebem de fora um selo de autenticidade.

Pode-se dizer o mesmo das profecias e dos martírios.

Quando Cristo invoca seus "$\varkappa\acute{\alpha}\lambda\alpha$ $\check{\epsilon}\varrho\gamma\alpha$" não há razão para traduzir por milagres. Pode-se, do mesmo modo, traduzir por "boas obras", "belas ações".

Tal como o entendo, o pensamento de Cristo era que se devia reconhecê-lo como santo porque Ele fazia perpétua e exclusivamente o bem.

Ele disse: "Sem minhas obras, eles seriam sem pecados"; mas também, e colocando as duas coisas no mesmo plano: "Sem minhas palavras, eles seriam sem pecado". Ora, suas palavras não eram de modo nenhum milagrosas, apenas belas.

A própria noção de milagre é ocidental e moderna; está ligada à concepção científica do mundo, com a qual, no entanto, é incompatível. No que vemos como milagres os hindus veem efeitos naturais de poderes naturais que se encontram em poucas pessoas e, mais frequentemente, nos santos. Constituem, portanto, uma presunção de santidade.

A palavra "sinais" no Evangelho não quer dizer mais do que isso. Não pode querer dizer mais do que isso. Pois Cristo disse: "Muitos me dirão: Não fizemos sinais em teu nome? E eu lhes direi: Afastai-vos, vós que praticais a iniquidade [...]". E: "Surgirão pseudoprofetas e pseudocristos, e eles fornecerão sinais e prodígios tão consideráveis que até os eleitos seriam capazes de se enganar." O Apocalipse (13,3-4) parece indicar uma morte e uma ressurreição do anticristo.

O Deuteronômio diz: "Se um profeta vier anunciar um novo deus, mesmo que faça milagres, matai-o".

Se os judeus erraram em matar Cristo, não foi por causa de seus milagres, mas por causa da santidade de sua vida e da beleza de suas palavras.

Quanto à autenticidade histórica dos fatos que denominamos milagres, não há motivos suficientes para afirmá-la nem para negá-la categoricamente.

Admitindo-se essa autenticidade, há várias maneiras possíveis de conceber a natureza desses fatos.

Há uma que é compatível com a concepção científica do mundo. Por isso ela é preferível. A concepção científica do mundo, se bem-entendida, não deve ser separada da verdadeira fé. Deus criou este universo como um tecido de causas secundárias; parece haver impiedade em supor buracos nesse tecido, como se Deus não pudesse chegar a seus fins sem atentar contra sua própria obra. Ao se admitirem tais buracos, torna-se escandaloso que Deus não os faça para salvar os inocentes da desgraça. A resignação à desgraça dos inocentes só pode surgir na alma pela contemplação e pela aceitação da necessidade, que é o encadeamento rigoroso das causas secundárias. Caso contrário é obrigatório recorrer a artifícios que equivalem, todos, a negar o próprio fato da desgraça dos inocentes; e por conseguinte a desvirtuar toda inteligência da condição humana e o próprio cerne da concepção cristã.

Os fatos considerados miraculosos são compatíveis com a concepção científica do mundo, uma vez que se admite como postulado que uma ciência suficientemente avançada poderia explicá-los.

Esse postulado não suprime a ligação desses fatos com o sobrenatural.

Um fato pode estar ligado ao sobrenatural de três maneiras.

Alguns fatos podem ser efeitos ou do que se produz na carne, ou da ação do demônio sobre a alma, ou da ação de Deus. Assim, um homem chora de dor física; a seu lado, outro chora pensando em Deus com amor puro. Nos dois casos há lágrimas. Essas lágrimas são efeitos de um mecanismo psicofisiológico. Mas em um dos dois casos uma engrenagem desse mecanismo é sobrenatural; é a caridade. Nesse sentido, embora as lágrimas sejam um fenômeno tão comum, as lágrimas de um santo em autêntico estado de contemplação são sobrenaturais.

Nesse sentido, e apenas nesse sentido, os milagres de um santo são sobrenaturais. Eles o são da mesma maneira que todos os efeitos materiais da caridade. Uma esmola feita por pura caridade é um prodígio tão grande quanto o caminhar sobre as águas.

Um santo que caminha sobre as águas é em todos os aspectos análogo a um santo que chora. Nos dois casos há um mecanismo psicofisiológico do qual uma engrenagem é a caridade – aí está o prodígio, o fato de a caridade poder ser uma engrenagem de tal mecanismo – e que tem efeito visível. O efeito visível é, em um caso, o caminhar sobre as águas, no outro, as lágrimas. O primeiro é mais raro. É a única diferença.

Haverá alguns fatos que jamais poderão ser produzidos só pela carne, mas apenas por mecanismos em que entre como engrenagem seja o amor natural, seja o ódio demoníaco? O caminhar sobre as águas será um deles?

É possível. Somos por demais ignorantes para poder afirmar ou negar a respeito dessa questão.

Haverá fatos que nem a carne nem o ódio demoníaco podem produzir, que só podem resultar de mecanismos que têm a caridade entre suas engrenagens? Tais fatos seriam critérios seguros de santidade.

Talvez os haja. Também neste caso somos por demais ignorantes para poder afirmar ou negar. Mas, por isso mesmo, se tais fatos existem, não podem nos servir para nada. Não podem nos servir como critérios, uma vez que não podemos ter nenhuma certeza a seu respeito. O que é incerto não pode tornar certa uma outra coisa.

A Idade Média foi obcecada pela busca de um critério material de santidade. Esse é o significado da busca da pedra filosofal. A busca do Graal parece incidir sobre o mesmo tema.

A verdadeira pedra filosofal, o verdadeiro Graal, é a Eucaristia. Cristo nos indicou o que devemos pensar dos milagres colocando no próprio centro da Igreja um milagre invisível e, de certo modo, puramente convencional (apenas a convenção é ratificada por Deus).

Deus quer permanecer oculto. "Vosso Pai que habita no secreto."

Hitler poderia morrer e ressuscitar cinquenta vezes, e eu não o veria como Filho de Deus. E, se o Evangelho omitisse toda e qualquer menção à ressurreição de Cristo, a fé me seria mais fácil. A cruz, apenas, me basta.

Para mim a prova, a coisa verdadeiramente milagrosa, é a beleza perfeita das narrativas da Paixão, juntamente com algumas palavras fulgurantes de Isaías: "Injuriado, maltratado, ele não abria a boca"; e de São Paulo: "Ele não considerou a igualdade com Deus como um butim [...]. Ele se esvaziou [...]. Fez-se obediente até a morte, e morte na cruz [...]. Ele se fez maldição". É isso que me obriga a crer.

A indiferença com respeito aos milagres não me incomodaria, uma vez que a cruz produz em mim o mesmo efeito que, em outros, a ressurreição, sem anátema declarado por um concílio.

Por outro lado, se a Igreja não elaborar uma doutrina satisfatória dos fatos ditos milagrosos, muitas almas se perderão por sua culpa por causa da aparente incompatibilidade entre a religião e a ciência. E muitas outras se perderão porque, acreditando que Deus entra frequentemente no tecido das causas secundárias para produzir fatos particulares com uma intenção particular, imputam-lhe a responsabilidade por todas as atrocidades em que Ele não intervém.

A concepção corrente dos milagres ou impede a aceitação incondicional da vontade de Deus ou obriga a não enxergar a quantidade e a natureza do mal que existe no mundo – coisa fácil, evidentemente, no fundo de um claustro, e mesmo no mundo dentro de um meio restrito.

Observa-se também entre muitas almas piedosas e até mesmo santas uma puerilidade deplorável. O Livro de Jó poderia nunca ter sido escrito, de tanto que a condição humana é ignorada. Para tais almas, só há pecadores, por um lado, e, por outro, mártires que morrem cantando. É por isso que a fé cristã não avança, não se propaga de alma para alma como um incêndio.

De resto, se os milagres tivessem a natureza, o significado e o valor que lhes são atribuídos, sua raridade hoje (apesar de Lourdes e o resto) poderia levar a crer que a Igreja já pouco tem a ver com Deus. Pois Cristo ressuscitado disse: "Quem acreditou e tiver sido batizado será salvo, quem não tiver acreditado será condenado. Eis os sinais que acompanharão os que tiverem acreditado. Em meu nome, expulsarão os demônios, falarão em novas línguas, apanharão as serpentes; se beberem venenos mortais, não serão prejudicados; imporão as mãos para curar".

Quantos crentes há hoje, de acordo com esse critério?

(Felizmente esse texto talvez não seja autêntico. Mas a Vulgata o admite.)

26º) Os mistérios da fé não são objeto para a inteligência enquanto faculdade que permite afirmar ou negar. Não são da ordem da verdade, mas estão acima dela. A única parte da alma humana capaz de um contato real com eles é a faculdade de amor sobrenatural. Por conseguinte, só ela é capaz de uma adesão a eles.

O papel das outras faculdades da alma, a começar pela inteligência, é apenas o de reconhecer que aquilo com que o amor sobrenatural tem contato são realidades; que essas realidades são superiores aos objetos delas; e o de fazer silêncio uma vez que o amor sobrenatural desperta de maneira real na alma.

A virtude da caridade é o exercício da faculdade de amor sobrenatural. A virtude da fé é a subordinação de todas as faculdades da alma à faculdade de amor sobrenatural. A virtude da esperança é uma orientação da alma no sentido de uma transformação depois da qual ela será integral e exclusivamente amor.

Para subordinar-se à faculdade de amor, cada uma das outras faculdades deve encontrar nela seu bem próprio; e particularmente a inteligência, que é a mais preciosa depois do amor; assim é, efetivamente.

Quando a inteligência, depois de fazer silêncio para deixar o amor invadir toda a alma, volta a se exercer, ela sente que contém mais luz do que antes, mais aptidão para compreender os objetos, as verdades que lhe são próprias.

Mais ainda, creio que esses silêncios constituem para ela uma educação que não pode ter nenhum outro equivalente e lhe permitem compreender verdades que, de outro modo, lhe permaneceriam sempre ocultas.

Há verdades que estão a seu alcance, compreensíveis para ela, mas que ela só pode compreender depois de terem passado em silêncio através do ininteligível.

Acaso não é isso que São João da Cruz quer dizer ao denominar a fé de uma noite?

A inteligência só pode reconhecer por experiência, *a posteriori*, as vantagens dessa subordinação ao amor. Ela não as pressente previamente. Não tem, de início, nenhum motivo razoável para aceitar essa subordinação. Também essa subordinação é coisa sobrenatural, operada unicamente por Deus.

O primeiro silêncio, com duração de apenas um instante, que se produz através de toda a alma em favor do amor sobrenatural, é a semente lançada pelo Semeador, é a semente de mostarda quase invisível que um dia se tornará a Árvore da Cruz.

Do mesmo modo, quando se presta perfeita atenção a uma música perfeitamente bela (e vale também para a arquitetura, a pintura etc.), a inteligência não encontra nela nada a afirmar ou negar. Mas todas as faculdades da alma, inclusive a inteligência, fazem silêncio e ficam suspensas à audição. A audição se aplica a um objeto incompreensível, mas que encerra realidade e bem. E a inteligência não capta nele nenhuma verdade, mas encontra um alimento.

Creio que o mistério do belo na natureza e nas artes (apenas na arte de primeira ordem, perfeita ou quase) é um reflexo sensível do mistério da fé.

27º) Deve-se às precisões de que a Igreja houve por bem cercar os mistérios da fé, e especialmente a suas condenações ([...] *anathema sit**) uma atitude permanente e incondicional de respeitosa atenção, mas não uma adesão.

E deve-se também respeitosa atenção às opiniões condenadas, por menos que seu conteúdo, ou a vida dos que as propuseram, contenha alguma aparência de bem.

A adesão da inteligência nunca se deve a algo. Pois nunca é, em nenhum grau, coisa voluntária. Só a atenção é voluntária. Também *só* ela é questão de obrigação.

Se alguém quer provocar em si, voluntariamente, uma adesão da inteligência, o que se produz não é adesão da inteligência, é sugestão. É a isso que remete o método de Pascal. Nada degrada mais a fé. E, cedo ou tarde, produz-se um fenômeno de compensação sob forma de dúvidas e de "tentações contra a fé".

Nada contribuiu mais para enfraquecer a fé e propagar a incredulidade do que a falsa concepção de uma obrigação da inteligência. Toda obrigação que não a própria atenção imposta à inteligência no exercício de sua função sufoca a alma. Toda a alma, e não só a inteligência.

28º) A jurisdição da Igreja em matéria de fé é boa na medida em que impõe à inteligência certa disciplina da

---

* seja anátema [N.T.].

atenção. Também na medida em que impede que se entre e se divague no domínio dos Mistérios, que lhe é estranho.

É totalmente má na medida em que impede a inteligência, na investigação das verdades que lhe são próprias, de usar com liberdade total a luz difundida na alma pela contemplação amorosa. A liberdade total em seu domínio é essencial para a inteligência. A inteligência deve se exercer com liberdade total, ou se calar. Em seu domínio, a Igreja não tem nenhum direito de jurisdição, e por conseguinte, especialmente, todas as "definições" em que se trata de *provas* são ilegítimas.

Na medida em que "Deus existe" é uma proposição intelectual – mas *somente* nessa medida –, pode-se negá-la sem cometer nenhum pecado contra a caridade nem contra a fé. (E mesmo essa negação, feita a título provisório, é uma etapa necessária da investigação filosófica.)

De fato, desde o início, ou quase, há no cristianismo um constrangimento da inteligência. Esse constrangimento deve-se à maneira como a Igreja concebeu seu poder de jurisdição e principalmente o uso da fórmula *anathema sit.*

Onde quer que haja constrangimento da inteligência há opressão do indivíduo pelo fato social, que tende a se tornar totalitário. Sobretudo no século XIII, a Igreja estabeleceu um início de totalitarismo. Por isso ela não é isenta de responsabilidade pelos acontecimentos atuais. Os partidos totalitários formaram-se como resultado de um mecanismo análogo ao uso da fórmula *anathema sit.*

Essa fórmula e o uso que se fez dela impedem a Igreja de ser católica mais do que de nome.

29°) Antes do cristianismo, um número indeterminado de homens, em Israel e fora de Israel, *talvez* tenha avançado tanto quanto os santos cristãos no sentido do amor e do conhecimento de Deus.

O mesmo vale, a partir de Cristo, para a porção da humanidade situada fora da Igreja Católica ("infiéis", "hereges", "descrentes"). E, mais geralmente, é duvidoso que tenha havido, depois de Cristo, mais amor e conhecimento de Deus na Cristandade do que em alguns países não cristãos, como a Índia.

30°) É muito *provável* que o destino eterno de duas crianças mortas alguns dias depois de nascer, uma batizada e outra não, seja idêntico (mesmo que os pais da segunda não tivessem nenhuma intenção de mandar batizá-la).

31°) Entre todos os livros do Antigo Testamento, apenas um pequeno número (Isaías, Jó, o Cântico dos Cânticos, Daniel, Tobias, uma parte de Ezequiel, uma parte dos Salmos, uma parte dos livros sapienciais, o início do Gênesis...) é assimilável por uma alma cristã; e algumas fórmulas esparsas pelos outros. O resto é indigerível, porque falta uma verdade essencial, que está no centro do cristianismo e que os gregos conheciam perfeitamente bem: a saber, a possibilidade da desgraça dos inocentes.

Aos olhos dos hebreus (pelo menos antes do exílio, e salvo exceções) pecado e desgraça, virtude e prosperidade são inseparáveis, o que faz de Iahweh um Pai terrestre e não celeste, visível e não oculto. É portanto um falso deus. Um ato de caridade pura é impossível com essa concepção.

32°) Seria possível colocar como postulado:

É falsa toda concepção de Deus incompatível com um movimento de caridade pura. São verdadeiras, em graus diversos, todas as outras.

O amor e o conhecimento de Deus não são realmente separáveis, pois está dito no Eclesiástico: *"Praebuit sapien-tiam diligentibus se"**.

33°) A história da criação e do pecado original no Gênesis é verdadeira. Mas outras histórias de criação e de pecado original em outras tradições também são verdadeiras e também encerram verdades incomparavel-mente preciosas.

São reflexos diversos de uma verdade única intraduzí-vel em palavras humanas. É possível pressenti-la através de um desses reflexos. É possível pressenti-la ainda me-lhor através de vários.

(Especialmente o folclore, bem interpretado, encerra tesouros de espiritualidade.)

34°) Tudo indica que a Igreja não cumpriu perfeita-mente sua missão de conservadora da doutrina. Nem de longe. Não só porque ela acrescentou minúcias, restrições e interdições talvez abusivas, mas também porque, quase certamente, perdeu tesouros.

Restam como testemunhos trechos do Novo Testa-mento, admiravelmente belos, mas hoje completamente incompreensíveis, e que provavelmente nem sempre o foram.

– Em primeiro lugar, quase todo o Apocalipse.

– A passagem de São João: "Cristo é quem veio pela água e pelo sangue. Não somente na água, mas na água e no sangue [...]. Três são, portanto, os que testemunham, o espírito, a água e o sangue, e estes três reduzem-se à unidade". A insistência do próprio São João na água e no sangue saídos do flanco de Cristo.

---

* "Concedeu a sabedoria àqueles que o amam" [N.T.].

– A conversa com Nicodemos também é muito misteriosa.

– São Paulo: "[...] que sejais arraigados e consolidados no amor, para terdes a força de compreender, *como todos os santos, o que são o comprimento, a largura, a altura e a profundidade,* e de conhecer o que ultrapassa todo conhecimento, o amor de Cristo". Já Orígenes, que tão pouco tempo separa de São Paulo, comenta essa bela passagem da maneira mais rasa.

– A passagem de São Paulo sobre Melquisedec: "[...] sem pai, sem mãe, sem genealogia, eternamente sacerdote, assimilado ao Filho de Deus".

– A doutrina da ressurreição da carne. A carne viva, que deve perecer, a "carne espiritual" (*pneumatikê* – caberá pensar na teoria pitagórica do "pneuma" contido na semente?) que é eterna. A relação entre essa doutrina e a importância atribuída à castidade ("Todo pecado cometido pelo homem é exterior ao corpo; o fornicador peca contra seu próprio corpo". "O alimento é para o ventre e o ventre para o alimento; Deus destruirá um e outro. Porém o corpo não é para o fornicador, mas para o Senhor, e o Senhor para o corpo"). [Qual é, aqui, o sentido da palavra "corpo", tão singularmente oposto a "ventre"?]

O estudo das doutrinas hindus lança sobre essa questão uma luz bem mais clara do que qualquer texto cristão que eu conheça. Que eu saiba, os cristãos nunca disseram *por que* a castidade (e especialmente a virgindade) tem valor espiritual. É uma lacuna grave, que afasta de Cristo muitas almas.

– A relação da doutrina da redenção, em que o homem é o alvo (e que, conforme Abelardo muito bem observava, é totalmente ininteligível), e da doutrina aparentemente contrária indicada pelas palavras "Deus quis dar a seu Filho muitos irmãos". (Teríamos sido criados, então, *por causa* da Encarnação.)

– A relação misteriosa entre a Lei e o pecado, expressa por São Paulo às vezes de maneira tão estranha. Também neste caso, o pensamento hindu lança um pouco de luz.

– A insistência com que se repetem expressões como "[...] suspenso no madeiro", "fazendo-se maldição". – Aqui há algo perdido sem retorno.

– A violência extraordinária de Cristo contra os fariseus, representantes do mais puro espírito de Israel. A hipocrisia, a mesquinhez e a corrupção, vícios comuns a toda espécie de clero devido à fraqueza humana, não explicam essa violência. E uma palavra que soa muito misteriosa indica que havia outra coisa: "Tirastes a chave do conhecimento".

Os pitagóricos denominavam "chave" a mediação entre Deus e a criação. Denominavam-na também harmonia.

– A Palavra "Sede perfeitos como é perfeito vosso Pai celeste", que vem logo após "Vosso Pai que está nos céus faz nascer o sol para bons e maus, e chover sobre justos e injustos", implica toda uma doutrina que, tanto que eu saiba, não é desenvolvida em lugar nenhum. Pois Cristo cita como característica suprema da justiça de Deus aquilo que sempre se alega (Jó, p. ex.) para acusá-lo de injustiça, ou seja, o fato de Ele favorecer indiferentemente os bons e os maus.

Deveria haver no ensinamento de Cristo a noção de certa virtude de indiferença, semelhante ao que se pode encontrar no estoicismo grego e no pensamento hindu.

Essa palavra de Cristo lembra o grito de Prometeu: "Céu, pelo qual a luz comum para todos se volta [...]".

(Além disso, essa luz e essa água provavelmente também têm um significado espiritual, ou seja, todos – em Israel e fora, na Igreja e fora – são *igualmente* inundados de graça, embora em sua maioria a recusem.)

Isso é absolutamente contrário à concepção corrente segundo a qual Deus envia arbitrariamente mais graça a um, menos a outro, como um soberano caprichoso; isso sob pretexto de que Ele não a deve! Deve à sua própria bondade infinita conceder a cada criatura a plenitude do bem. É preferível pensar que Ele derrama continuamente sobre cada um a plenitude da graça, o que no entanto é mais ou menos aceito. Em matéria puramente espiritual, Deus satisfaz todos os desejos. Os que têm menos pediram menos.

– O próprio fato de ter traduzido *"logos"* por *"verbum"* indica que algo se perdeu, pois λόγος quer dizer antes de tudo *relação*, e é sinônimo de ἀριθμός, número, em Platão e nos pitagóricos.

– Relação, isto é, proporção. – Proporção, isto é, harmonia. – Harmonia, isto é, mediação. – Eu traduziria: No começo era a mediação.

(Todo esse início do Evangelho de São João é muito obscuro. A Palavra "Ele era a luz verdadeira que ilumina todo homem que vem ao mundo" contradiz absolutamente a doutrina católica do batismo. Pois, sendo assim, o Verbo habita em segredo todo homem, batizado ou não; não é o batismo que o faz entrar na alma.)

Seria possível citar muitas outras passagens.

Por um lado a incompreensão de uma parte dos discípulos, mesmo após Pentecostes (provada pelo episódio de Pedro e Cornélio), por outro lado os massacres causados pela perseguição explicam essa insuficiência da transmissão. Pode ser que por volta do início do século II todos os que tinham compreendido tivessem sido mortos, ou quase todos.

A liturgia também contém palavras que soam misteriosas.

– *Quaerens me sedisti lassus** deve ter relação com algo além do relato do episódio da samaritana em São João. A comparação dessa palavra com o tema de uma grande quantidade de relatos do folclore aclara-os intensamente.

A ideia de uma busca do homem por Deus é de um esplendor e de uma profundidade insondáveis. Há uma decadência quando é substituída pela ideia de uma busca de Deus pelo homem.

– *Beata (arbor) cujus brachiis / Pretium pependit saeculi / Statera facta corporis / Tulitque praedam Tartari***.

Esse símbolo da balança é de uma profundidade maravilhosa. A balança tinha papel importante no pensamento egípcio. Quando Cristo morreu, o sol estava na constelação do Carneiro e a lua na da Balança. Observe-se que esse signo era denominado "as Pinças do Câncer". Os escritores só passam a lhe dar o nome "Balança" pouco antes da era cristã (um mês antes, o sol estava em Peixes e a lua em Virgem; cf. significado simbólico do Peixe [I.X.Θ.U.Σ.])

---

* Buscando-me sentaste exausto [N.T.].

** Feliz (a árvore) de cujos braços / Pendeu o preço do mundo / Fazendo-se balança do corpo / resgatou a presa do inferno [N.T.].

Pensando-se nessa metáfora, a palavra de Arquimedes "Dá-me um ponto de apoio e moverei o mundo" pode ser vista como uma profecia. O ponto de apoio é a cruz, intersecção do tempo e da eternidade.

– *Sicut sidus radium / profert Virgo filium / pari forma. / Neque sidus radio / neque mater filio / fit corrupta**. Esses versos soam muito estranhos.

E a estrofe anterior (*Sol occasum nesciens / Stella semper rutilans / semper clara***) torna-se extraordinária ao ser comparada a um conto dos índios da América, em que o Sol, apaixonado por uma filha do chefe que recusou todos os pretendentes, desce à Terra como um rapaz doente, quase cego, de uma pobreza sórdida. Uma estrela o acompanha e se encarna como uma velha miserável, avó do rapaz. O chefe faz um concurso pela mão de sua filha e impõe provas muito difíceis. O rapaz miserável, embora doente e deitado em sua enxerga, contraria as expectativas e é o único a vencer todas as provas. Apesar de sua repugnância, a filha do chefe vai para casa com ele, como sua esposa, por fidelidade à palavra do pai. O pobre rapaz transforma-se num príncipe maravilhoso e transforma em ouro o cabelo e as roupas da esposa.

No entanto, não se poderia atribuir esse conto a uma influência cristã, ao que parece...

– Na liturgia dos dias santos, *ipse lignum tunc notavit, damna ligni ut solveret / [...] arbor una nobilis: nulla silva talem profert, fronde, flore, germine**** também soam algo estranho.

---

* Assim como a estrela lança a luz / dá a Virgem à luz o filho. / Nem a estrela pelo raio de luz / e nem a mãe pelo filho, / são corrompidas [N.T.].

*** marcou logo outro madeiro para curar-se do mal / [...] uma árvore nobre: nenhuma floresta produz igual, em ramagens, flores e frutos [N.T.].

Essas palavras são esplêndida; nelas decerto havia referência a toda uma simbólica hoje perdida. Aliás, toda a liturgia da Semana Santa tem, por assim dizer, um cheiro alucinante de antiguidade.

– A lenda do Graal indica uma combinação hoje ininteligível, decerto operada ao longo dos anos que seguiram à morte de Cristo, embora os poemas datem do século XII, entre o druidismo e o cristianismo.

Observe-se que a Igreja nunca condenou os poemas sobre o Graal, apesar da evidente mistura do cristianismo com uma tradição não cristã.

Quase imediatamente após a Paixão, Herodes foi enviado em prisão domiciliar para Lyon, acompanhado de um numeroso séquito, em que devia haver cristãos. (Talvez José de Arimateia?) Os druidas foram exterminados por Cláudio alguns anos depois.

– As *Dionisíacas* de Nono, poema de um egípcio provavelmente cristão do século VI, mas onde só se trata de deuses gregos e de astrologia, e que apresenta semelhanças muito singulares com o Apocalipse, devem ter sido inspiradas por uma combinação da mesma espécie.

(N.B.: Trata-se de um rei, Licurgo, já citado em Homero, que à traição atacou Dioniso desarmado e o forçou a se refugiar *no fundo do Mar Vermelho*. Ele era rei dos árabes, que estão ao sul do Monte Carmelo. Geograficamente, é quase certo que seja Israel. Ao se admitir que Israel era considerado pelos antigos um povo maldito por recusar a noção do Deus mediador, tolerante e redentor revelada ao Egito, compreenderíamos o que, de outro modo, é inexplicável, ou seja, que Heródoto, tão ávido por todas as curiosidades de ordem religiosa, nunca tenha falado de Israel. Observe-se que Israel estava predestinado a servir de berço para Cristo – e também a assassiná-lo. Observe-se também que, segundo numerosos testemunhos, Dioniso é o mesmo Deus que Osíris. Se tivéssemos a versão egípcia da história de Moisés, talvez houvesse surpresas...)

– *A runa de Odin* citada antes, se não fosse anterior a todo contato com o cristianismo, seria o vestígio de uma mistura análoga. Seria igualmente extraordinário.

Terá havido no início apóstolos de Cristo para compreender a Palavra "Ide ensinar as nações" da maneira que acredito ser a correta?

35º) A compreensão do cristianismo tornou-se quase impossível para nós, pelo profundo mistério que recobre a história dos primeiros tempos.

Esse mistério refere-se em primeiro lugar às relações do cristianismo, por um lado com Israel, por outro lado com as tradições religiosas das *gentes**.

É extremamente improvável que não tenha havido, no início, tentativas de sincretismo análogo àquele com que sonhava Nicolau de Cusa. Ora, não há nenhum vestígio de condenação por parte da Igreja de tais tentativas. (Aliás, Nicolau de Cusa também não foi condenado.) E, no entanto, tudo aconteceu, de fato, como se tivessem sido condenados.

Ao lado das tolices de Clemente de Alexandria – que nem mais sabia dos vínculos estreitos que unem a filosofia grega clássica à religião dos Mistérios –, deve ter havido homens que enxergaram na Boa-nova o coroamento dessa religião. O que foi feito de suas obras?

Porfírio dizia que Orígenes havia interpretado simbolicamente as Escrituras de Israel servindo-se de dois livros

---

* pessoas, povos.

secretos dos pitagóricos e dos estoicos. No entanto, quando Orígenes fala da filosofia grega, é com a pretensão de refutá-la. Por quê? Por que é a loja da concorrência? Ou por alguma outra razão? Acaso ele queria esconder o que lhe devia? E por quê?

Essa passagem de Porfírio revela claramente que os Mistérios eram inteiramente construídos de alegorias.

Eusébio cita essa passagem e trata Porfírio de mentiroso por ter dito que Orígenes começou por "helenizar". Mas não nega o resto.

Eusébio também cita uma carta mais do que estranha do Bispo Melitão a Marco Aurélio, escrita em tom muito amigável (*Hist.* IV, 26)*: "Nossa filosofia teve seu desenvolvimento primeiro entre os bárbaros, mas seu florescimento entre teus povos (τοῖς σοῖς ἔθνεσιν) sob o grande reinado de Augusto".

Esses "bárbaros" só podem ser os hebreus. Mas o que significa o resto da frase?

Augusto morreu no ano 14 de nossa era. Cristo era adolescente. O cristianismo não existia.

"Nossa filosofia" significaria nosso *Logos*, Cristo? Teria tido sua flor (ou seja, sua juventude) entre as *gentes* na Grécia ou na Itália?

Esse bispo acrescenta: "A melhor prova de que nosso *Logos* cresceu ao mesmo tempo que o belo início do império para o bem é que ele não recebeu nenhuma humilhação da autoridade de Augusto, mas, ao contrário, todo esplendor e toda glória de acordo com os votos de todos".

---

* Referência a *História eclesiástica*, de Eusébio [N.T.].

Sempre se fala da "vida oculta de Nazaré". Só se esquece que, se é verdade que essa vida foi oculta, ignora-se rigorosamente se ela se desenrolou em Nazaré.

Eis tudo o que se sabe da vida de Cristo, segundo o Evangelho, antes do batismo de João.

Ele nasceu em Belém. Ainda bem pequeno foi levado pela família para o Egito. Lá ficou por tempo indeterminado. (José voltou após a morte de Herodes, mas nada diz que foi imediatamente depois; pode ser que tenham se passado anos.) Aos 12 anos ele passou a Páscoa em Jerusalém. Seus pais estavam então instalados em Nazaré. (É estranho que Lucas não mencione a fuga para o Egito.) Aos 30 anos foi batizado por João. E é só, rigorosamente.

É mais um mistério muito estranho.

Um terceiro mistério é o das relações do cristianismo com o Império. Tibério queria colocar Cristo no Panteão e recusava, de início, perseguir os cristãos. Em seguida mudou de atitude. Pisão, filho adotivo de Galba, era provavelmente de família cristã (cf. obras de Hermann). Como explicar que homens como Trajano e sobretudo Marco Aurélio tenham perseguido os cristãos tão impiedosamente? No entanto, Dante coloca Trajano no paraíso... Ao contrário, Cômodo e outros imperadores celerados antes os favoreceram. E como o Império, em seguida, adotou o cristianismo como religião oficial? E sob que condições? Que degradação deve ter sofrido em troca? Como se realizou esse conluio entre a Igreja de Cristo e a besta? Pois a besta do Apocalipse é quase certamente o Império.

O Império Romano era um regime totalitário e grosseiramente materialista, baseado na adoração exclusiva do Estado, como o nazismo. Havia uma sede latente de espiritualidade entre os infelizes submetidos a esse regime. Os imperadores compreenderam desde o início a necessidade de saciá-la com uma falsa mística, temendo que uma mística verdadeira surgisse e transtornasse tudo.

Houve uma tentativa de transportar para Roma os Mistérios de Elêusis. Esses Mistérios quase certamente – indícios seguros o mostram – haviam perdido todo conteúdo autêntico. Os massacres atrozes que com tanta frequência haviam se desenrolado na Grécia, e especialmente em Atenas, desde a conquista romana e mesmo antes dela, podem muito bem ter influenciado a transmissão; os Mistérios talvez tenham sido adulterados por iniciados do primeiro grau. Isso explicaria o desprezo com que Clemente de Alexandria fala deles, embora ele talvez tivesse sido iniciado. No entanto, a tentativa de transferência fracassou.

Em contrapartida, os druidas e os sectários do culto secreto de Dioniso foram exterminados, os pitagóricos e todos os filósofos impiedosamente perseguidos, os cultos egípcios proibidos, os cristãos tratados como se sabe.

A proliferação dos cultos orientais em Roma nessa época assemelha-se exatamente à das seitas de tipo teosófico atualmente. Tanto quanto é possível perceber, no primeiro caso assim como no segundo, não se tratava do artigo autêntico, mas de adulterações destinadas aos esnobes.

Os antoninos são como um oásis na história atroz do Império Romano. Como puderam perseguir os cristãos?

Cabe indagar se, graças à vida subterrânea, não se haviam introduzido entre os cristãos elementos realmente criminosos.

Sobretudo é preciso levar em conta o espírito apocalíptico que os animava. A espera do advento próximo do Reino os exaltava e fortalecia para os mais extraordinários atos de heroísmo, como faz hoje para os comunistas a espera da Revolução que se aproxima. Deve haver muita semelhança entre essas duas psicologias.

Mas também, nos dois casos, essa espera é um perigo social muito grande.

Os historiadores antigos estão cheios de histórias de cidades em que, depois de uma medida de libertação de escravos tomada por um tirano por uma razão qualquer, os senhores já não conseguiam se fazer obedecer pelos que restavam.

A escravidão era uma condição tão violenta que só era suportável para almas massacradas pela total ausência de esperança. Uma vez que surgia um raio de esperança, a desobediência se tornava endêmica.

Que efeito não deveria produzir a esperança encerrada na Boa-nova? A Boa-nova não era apenas a Redenção, porém mais ainda a quase certeza da chegada muito próxima do Cristo glorioso a este mundo.

Em São Paulo, para uma recomendação de doçura e de justiça dirigida aos senhores, talvez haja dez dirigidas aos escravos intimando-os a trabalhar e a obedecer.

A rigor, é possível explicar isso por um resto de preconceitos sociais que permanecem nele apesar do cristianismo. Muito mais provável, no entanto, é que fosse bem mais fácil levar os senhores cristãos à doçura do que os escravos cristãos, inebriados pela espera do dia supremo, à obediência.

Marco Aurélio talvez desaprovasse a escravidão; pois não é verdade que a filosofia grega, salvo Aristóteles, tenha feito apologia dessa instituição. Segundo testemunho de Aristóteles, alguns filósofos a condenavam por ser "absolutamente contrária à natureza e à razão". Platão, em *Político*, só concebe seu uso legítimo em matéria criminal, como é o caso para nós da prisão e dos trabalhos forçados.

Mas Marco Aurélio tinha por missão antes de tudo manter a ordem. Repetia-o para si mesmo amargamente.

Os católicos costumam justificar os massacres de hereges pelo perigo social inerente à heresia. Não lhes ocorre que as perseguições dos cristãos nos primeiros séculos sejam suscetíveis da mesma justificação, no mínimo com igual razão. Muito mais, sem dúvida, uma vez que nenhuma heresia continha uma ideia tão perturbadora quanto a espera quase certa do advento próximo do Cristo Rei.

É certo que uma onda de desobediência entre os escravos do Império teria feito desmoronar todo o edifício, em meio a desordens horríveis.

No tempo de Constantino, a espera apocalíptica devia estar consideravelmente desgastada. Por outro lado, os massacres de cristãos, obstando a transmissão da doutrina mais profunda, talvez – e até provavelmente – tivesse esvaziado o cristianismo de uma grande parte de seu conteúdo espiritual.

Para Constantino foi possível conseguir com o cristianismo a operação que Cláudio não conseguira com Elêusis.

Contudo não era do interesse nem da dignidade do Império que sua religião oficial aparecesse como a continuação e o coroamento das tradições seculares dos países conquistados, arrasados e degradados por Roma – Egito, Grécia, Gália. Para Israel, isso não tinha importância; em primeiro lugar, a nova lei estava muito distante da antiga; depois, sobretudo Jerusalém absolutamente já não existia. Quanto ao mais, o espírito da antiga lei, tão distante de toda mística, não era tão diferente do espírito romano. Roma podia se adaptar ao Deus dos Exércitos.

Mesmo o espírito nacionalista judeu, impedindo muitos cristãos, já na origem, de reconhecer a afinidade do cristianismo com a espiritualidade autêntica das *gentes*, era para Roma um elemento favorável no cristianismo. Esse espírito, coisa bizarra, transmitira-se até a "pagãos" convertidos.

Roma, como todo país colonizador, havia desenraizado moral e espiritualmente os países conquistados. É sempre esse o efeito de uma conquista colonizadora. Não se tratava de lhes devolver suas raízes. Era preciso desenraizá-los mais um pouco ainda.

[Observe-se, como confirmação, que a única profecia pagã mencionada pela Igreja é a da Sibila, que a tradição romana havia incorporado. (Quanto ao mais, a quarta égloga mostra claramente que houve de fato uma expectativa messiânica em Roma, muito semelhante à da Judeia e igualmente carnal.)]

O cristianismo, submetido à influência combinada de Israel e de Roma, foi brilhantemente bem-sucedido. Ainda hoje, aonde quer que missionários o levem, ele exerce a mesma ação de desenraizamento.

Tudo isso é um tecido de suposições, é claro.

Mas há uma quase certeza. É a de que quiseram nos esconder alguma coisa; e conseguiram. Não é por acaso que há tantos textos destruídos, tantas trevas a respeito de uma parte tão essencial da história.

Provavelmente houve uma destruição sistemática de documentos.

Platão escapou a ela; por que feliz acaso? Mas não temos o *Prometeu libertado* de Ésquilo, que decerto permitia vislumbrar o verdadeiro significado da história de Prometeu, o amor que unia Prometeu a Zeus, já indicado, mas vagamente, em *Prometeu acorrentado*. E quantos outros tesouros perdidos!

Os historiadores nos chegaram com grandes buracos. Nada resta dos gnósticos, e pouca coisa dos escritos cristãos dos primeiros séculos. Se houve aqueles em que o privilégio de Israel não tenha sido reconhecido, eles foram suprimidos.

No entanto a Igreja nunca declarou que a tradição judaico-cristã é a única a ter escrituras reveladas, sacramentos, o conhecimento sobrenatural de Deus. Nunca declarou que não há nenhuma afinidade entre o cristianismo e as tradições místicas de outros países que não Israel. Por quê? Não seria por que o Espírito Santo, apesar de tudo, preservou-a de uma mentira?

Esses problemas são hoje de *importância capital, urgente e prática*. Pois, como toda a vida profana de nossos países vem diretamente das civilizações "pagãs", enquanto subsistir a ilusão de uma ruptura entre o assim chamado paganismo e o cristianismo, este não será encarnado, não impregnará toda a vida profana como deve, permanecerá separado dela e, por conseguinte, não atuante.

Como nossa vida mudaria se víssemos que a geometria grega e a fé cristã brotaram da mesma fonte!

Clássicos da Espiritualidade

Confira outros títulos da coleção em

livrariavozes.com.br/colecoes/classicos-da-espiritualidade

ou pelo Qr Code

LEIA TAMBÉM:

Meu livro de orações

Anselm Grün

Autor reconhecido mundialmente por suas obras sobre espiritualidade e autoconhecimento, Anselm Grün traz nessa nova obra uma seleção de orações que são oriundas da tradição beneditina e outras que são próximas do espírito beneditino. O autor escreveu também orações inspiradas na experiência das instituições monásticas. Para os monges, oração significa: oferecer a Deus sua vida inteira, sua verdade mais íntima, para que o Espírito de Deus possa permear tudo em nós, e nos transformar.

Segundo Grün: "Na oração ofereço a Deus os meus sentimentos, as minhas afeições, os meus medos, para que, através deles, eu possa sentir Deus como o fundo mais recôndito da minha alma e onde encontro tranquilidade. Bento significa: 'o abençoado'. Orar, para São Bento, significa também colocar tudo sob a bênção de Deus: a mim mesmo, as pessoas e a realidade deste mundo, para que possamos vivenciar que tudo pode vir a ser uma bênção para nós e que nós mesmos somos uma bênção para as pessoas. O objetivo de orar, pedir, louvar e abençoar é 'que Deus seja glorificado em tudo'".

Anselm Grün é autor reconhecido no mundo inteiro por seus inúmeros livros publicados em mais de 28 línguas. O monge beneditino, da Abadia de Münsterschwarzach (Alemanha), une a capacidade ímpar de falar de coisas profundas com simplicidade e expressar com palavras aquilo que as pessoas experimentam em seu coração. Procurado como palestrante e conselheiro na Alemanha e no estrangeiro, tornou-se ícone da espiritualidade e mestre do autoconhecimento em nossos dias. Tem dezenas de obras publicadas no Brasil.

Conecte-se conosco:

- **f** facebook.com/editoravozes
- **@** @editoravozes
- **🐦** @editora_vozes
- **▶** youtube.com/editoravozes
- **🟢** +55 24 2233-9033

www.vozes.com.br

Conheça nossas lojas:

www.livrariavozes.com.br

Belo Horizonte – Brasília – Campinas – Cuiabá – Curitiba
Fortaleza – Juiz de Fora – Petrópolis – Recife – São Paulo

EDITORA VOZES LTDA.
Rua Frei Luís, 100 – Centro – Cep 25689-900 – Petrópolis, RJ
Tel.: (24) 2233-9000 – E-mail: vendas@vozes.com.br